LE BUDGET DES TROIS MONARCHIES

ET

LE BUDGET DE LA RÉPUBLIQUE

PAR

M. Gustave HUBBARD

Nous sommes à la veille des élections générales.

Le maire de ma commune est un vrai paysan, laborieux, fin, madré, très-économe, très-sévère pour les délits de propriété, compatissant pour les véritables misères ; il aime sa femme, ses enfants, ses bœufs, ses arbres, ses champs ; au fond, il est resté jusqu'à ce jour indifférent à la chose publique.

Mais les derniers malheurs du pays, la vue des Prussiens, les milliards qui ont été payés, et pour lesquels il n'a pas manqué d'envoyer son obole, ont éveillé en lui de nouveaux sentiments. Il rougit de n'avoir pas su choisir entre toutes les opinions qui le sollicitent : la prévision de prochaines élections générales le pousse à chercher quel est le drapeau auquel il doit s'attacher, et qu'avec la persistance propre aux gens de la campagne il n'abandonnera plus.

« Je voudrais, me dit-il un jour, interroger à ma ma-
« nière les défenseurs attitrés des quatre grands partis
« qui veulent avoir nos suffrages. Je voudrais entendre
« parler chacun d'eux devant tous les habitants de ma
« commune sur l'objet qui nous occupe le plus. »

— Quel est donc cet objet, lui dis-je un peu intrigué?

— Eh, parbleu, répondit-il, c'est le *budget*. Croyez-vous que nous ne connaissions pas dans nos campagnes l'importance de ce gros livre bourré de chiffres ? C'est l'agenda de la nation : là figurent les recettes et les dépenses de la France. Là sont marquées toutes les économies, toutes les dépenses de nos gouvernants ; là se prépare l'accroissement ou la diminution de la fortune nationale.

Moi. Pourquoi donc, repris-je alors, ne pas réaliser ce désir? Je ne vois pas de grandes difficultés à le satisfaire.

Le Maire. Et où voulez-vous que je trouve quatre orateurs, représentant suffisamment les quatre partis qui se disputent nos votes?

Moi. Ces orateurs, vous les avez; ce sont les candidats mêmes réclamant vos suffrages.

Le Maire. Soit; mais comment les décider à venir s'expliquer devant nous ?

Moi. Le moyen est bien simple : réunissez les habitants de votre commune à un jour fixe, et appelez chaque candidat séparément. Soyez sûr qu'aucun ne manquera à l'appel. Chacun d'eux s'estimera trop heureux d'avoir une occasion de parler à tous les habitants de la commune à la fois.

Le Maire. Mais il ne faudrait pas qu'on fît d'avance la leçon aux candidats, ni qu'ils se concertassent Il nous faut de la sincérité, afin que nous puissions discerner l'esprit réel de chaque parti, sa tendance, ses intentions, son vrai programme enfin.

Moi. N'introduisez que l'un après l'autre les candidats devant vos administrés, et posez-leur les questions que vous croirez propres à leur faire dévoiler leurs propres sentiments.

Le Maire. Vous avez réponse à tout. Et puisque mon désir peut se réaliser, eh bien ! en avant ! Amenez sous huit jours les quatre candidats, je me charge de convoquer et réunir tout mon monde.

Huit jours après cette conversation, tous les habitants de ma commune se mettaient en mouvement pour assister à une grande réunion. Elle devait avoir lieu dans une salle spacieuse de la mairie. Le maire, entouré de ses

Nº 14.

SOCIÉTÉ D'INSTRUCTION RÉPUBLICAINE

LE
BUDGET DES TROIS MONARCHIES

ET LE

BUDGET DE LA RÉPUBLIQUE

Par M. Gustave HUBBARD

I. R.

PARIS

SOCIÉTÉ D'INSTRUCTION RÉPUBLICAINE,
rue Saint-Jacques, 161

ARMAND LE CHEVALIER, éditeur, 61, rue de Richelieu
ERNEST LEROUX, éditeur, 24, rue Bonaparte
GERMER-BAILLIÈRE, 17, rue de l'École-de-Médecine

1873.

conseillers municipaux, s'était placé au fond de la salle sur une estrade ; de là il devait présider la réunion et poser les questions. Sur un des côtés se dressait une tribune destinée aux orateurs ; les trois partisans de la monarchie devaient être appelés les premiers ; le défenseur de la République aurait le dernier la parole.

A l'heure fixée, chacun était en place. Le maire, ouvrant la séance, se leva et dit :

Chers Concitoyens,

Vous êtes réunis ici pour prendre une grave décision.

Quatre partis s'arrachent vos suffrages, et chacun d'eux veut vous entraîner dans une direction différente.

Nous laisserons-nous disputer ainsi, comme si nous étions un troupeau ?

Si nous nous laissons faire, nous sommes à jamais perdus. C'est le sort de la Pologne qui attend notre malheureux pays.

Nous n'avons déjà que trop tardé. Le moment est venu de faire notre choix, et une fois notre parti pris, de nous y tenir irrévocablement, sans plus jamais varier.

C'est de nous-mêmes que dépend la direction que le pays doit prendre ; car cette direction résultera de la majorité de la prochaine Assemblée nationale, et cette majorité, c'est nous qui la créerons par nos suffrages.

Préparons donc notre élection avec sagesse, avec réflexion, avec maturité.

Il me reste maintenant à vous expliquer comment je vais procéder. Je me suis dit : Chacun de nous sait fort bien comment il faut s'y prendre pour créer, conserver, augmenter son patrimoine. Nous savons qu'avec le jeu, le cabaret, le luxe, la dissipation, l'envie exagérée de s'agrandir trop vite, les plus belles fortunes se défont rapidement. Eh bien ! il m'est venu à l'esprit que si nous comparions le budget de la France au doit et avoir de nos fermes, et si nous interrogions chaque candidat sur sa manière de concevoir la formation et l'emploi de la richesse publique, nous aurions une idée exacte du sort que nous réserve chaque parti.

Je dois avant tout vous demander si vous approuvez mon idée.

De toutes parts. Oui, oui, c'est ça, Monsieur le Maire.

La France est une grande ferme. Ce sont de bons fermiers qu'il nous faut.

Alors le maire appela le candidat légitimiste, et le pria de monter à la tribune.

C'était un jeune homme d'une trentaine d'années, descendant d'une ancienne famille seigneuriale du pays. Il fut accueilli par les paysans avec un air de déférence respectueuse derrière lequel un observateur attentif aurait facilement pu découvrir certain sourire narquois.

§ I. — Le Budget de la légitimité.

Le Maire. Le Candidat pourrait-il nous dire quels avantages il y a pour un pays à faire figurer une liste civile au premier rang de ses dépenses?

Le Candidat. Mes amis, mes bons amis, je répondrai avec détail à la question qui m'est adressée. Mais vous est-elle suggérée par un sentiment suffisant de respect pour le représentant de l'autorité divine sur la terre, pour le descendant de saint Louis et d'Henri IV ?

Nous appartient-il, à nous, simples sujets, de vouloir obscurcir les rayons lumineux au milieu desquels doit toujours apparaître aux yeux de la nation le Soleil de la monarchie?

L'éclat extraordinaire dont a brillé sous Louis XIV la cour de Versailles ne s'est-il pas transformé en bienfaits sans nombre pour l'agriculture, le commerce, l'industrie, les lettres, les arts et les sciences ?

Qu'est-ce qui fait la grandeur d'une nation ? Sinon la pompe de tous ces courtisans qui entourent le monarque et dépensent leur richesse avec profusion autour de lui pour rehausser la majesté du trône?

Sous le second empire, la dotation du chef de l'Etat montait à 40 millions; elle était payée sans réclamation par le pays; or, on ne peut nier l'extrême générosité du chef de la maison de Bourbon, car il accepterait à ce prix toutes les charges d'une liste civile.

Plusieurs voix. Ah! je le crois bien. Nous aussi. Oh! oh!

— 5 —

Le Maire. Point d'interruptions. Laissons le candidat s'expliquer avec toute tranquillité. Nous connaissons déjà son opinion sur la liste civile ; je lui demanderai maintenant s'il inclinerait vers un accroissement ou une diminution de la dette publique?

Le Candidat. Mes amis, nous autres descendants des grandes familles, autrefois propriétaires de presque tout le sol de la France, nous n'avons aucun goût pour ce système de crédit public au moyen duquel nous avons vu se créer dans ce siècle tant de fortunes scandaleuses.

S'il ne dépendait que de nous, nous voudrions, du jour au lendemain, fermer le grand livre de la dette, mais cela n'est pas en notre pouvoir. Il est de ces cas où les nécessités de la politique forcent les gouvernements à se créer immédiatement de très-grandes ressources : par exemple, si nous devenons les plus forts, n'est-il pas de notre premier devoir de rétablir de suite le Souverain Pontife dans l'exercice de son pouvoir temporel ? Cela entraînerait une guerre avec l'Italie. Dès lors il faudrait de l'argent, et, comme nous ne voudrions pas augmenter les contributions, nous aurions naturellement recours à un emprunt. Voudriez-vous aussi nous voir refuser notre appui au défenseur des saines idées en Espagne, à ce don Carlos qui depuis des années défend de l'autre côté des Pyrénées le principe de la légitimité ? Ne serait-il pas convenable de renouveler pour lui la célèbre expédition du duc d'Angoulême en 1823 ? Vous seriez les premiers à vouloir que le drapeau blanc des fils de saint Louis vous réhabilitât, dans une campagne facile, du désastre honteux de Sedan ? Pour cela il faudrait encore un nouvel emprunt. Puis-je, devant ces perspectives d'expéditions coûteuses, prendre l'engagement de poursuivre la diminution de la dette publique? Non, mes amis, un loyal gentilhomme comme moi ne saurait avoir qu'une seule parole. Je ne promets point de diminuer la dette publique ; mais aussi, pourquoi vous préoccupez-vous tant de son accroissement? Laissez aux générations futures le soin de pourvoir aux charges qui s'accumuleront sur elles. Il doit nous suffire à nous de trouver les capitaux dont nous avons besoin. L'argent ne se refusera pas à notre monarque, il s'offrira à des conditions qui ne seront point trop onéreuses.

Le Maire. Sur un budget total de 2 milliards et demi, l'Etat paye annuellement 1 milliard 200 millions pour le service de sa dette. Le candidat voudrait ajouter au budget une liste civile de 40 millions qui n'y figure pas aujourd'hui. On ne peut réduire que difficilement les frais de régie et de perception, qui montent à eux seuls à 250 millions ; c'est donc seulement sur les services généraux des ministères, montant ensemble à 1 milliard 50 millions, que le candidat peut songer à réduire nos dépenses. En conséquence, je lui demande à présent quels sont parmi les grands services auxquels l'Etat a à pourvoir, justice, affaires étrangères, finances, intérieur, guerre, marine, instruction publique et cultes, agriculture et commerce, travaux publics, ceux auxquels il entend faire subir une réduction, pour que la liste civile et les guerres qu'il annonce ne nous condamnent pas à de nouveaux impôts?

Le Candidat. Mes amis, je n'ai pas l'habitude de traiter les questions les plus graves de la politique à la manière d'un compte d'apothicaire. Cependant, comme depuis notre enfance nous avons l'habitude, dans nos salons, de parler sans cesse des affaires de l'Etat, je puis sans difficulté vous faire connaître notre impression générale sur les divers services ministériels.

Vous ne me croiriez pas, si je vous disais que nous tendrons à réduire le nombre et les émoluments des personnages officiels de toute espèce, diplomates, préfets, magistrats, fonctionnaires administratifs. Toutes les familles auxquelles je suis allié ont les yeux incessamment fixés sur ces grandes situations. Pour porter dignement dans les cours étrangères la représentation de la France, de maigres appointements ne suffisent pas ; il faut de grosses sommes, et nous surtout qui avons à lutter avec les grandes aristocraties de la vieille Europe, nous ne saurions nous contenter d'un chétif salaire. Mais combien le pays tout entier ne gagne-t-il pas à être représenté par les rejetons des anciennes familles, au lieu de l'être par un de ces hommes que le travail et l'étude ont jaunis, qui ne sortent point de leur cabinet et ne pénètrent pas aux seuls endroits où se révèlent les secrets d'Etat! Pouvez-vous attendre une justice vraie de ceux qui n'ont jamais appartenu à la vieille noblesse de robe, l'honneur de la France? Et trouvera-t-on ailleurs que dans notre monde des préfets, à la poigne assez ferme, à l'esprit assez dégagé, pour répandre partout une saine terreur, pour faire respecter les vieilles croyances et inspirer confiance au clergé !

Maintenant, si nous qui sommes déjà riches, nous consentons à servir le pays, ne faut-il pas que le pays soit à son tour généreux à notre égard? Et le serait-il s'il réduisait les rétributions, déjà si mesquines, des grandes situations?

En haut il n'y a rien à faire, mais en bas, peut-être il y aurait quelques réformes à accomplir. Pourquoi payer les juges de paix? Pourquoi rétribuer ces fonctions qui pourraient être briguées par d'honnêtes bourgeois, désireux de mériter quelque considération pour s'élever au niveau des vieilles familles de robe? J'insisterai beaucoup pour que la gratuité de certaines fonctions entrât davantage dans nos lois.

Ce qui est vrai pour l'administration intérieure, la magistrature, les finances, la diplomatie, l'est aussi pour la guerre et la marine. Je tiens essentiellement à ce que les plus hautes positions militaires soient non-seulement honorifiques, mais encore entourées des avantages les plus considérables ; il faut surtout qu'elles soient accordées, dès leur naissance, à tous les jeunes princes de la famille de Bourbon, car qu'est-ce qu'une armée qui ne se trouve pas complètement entre les mains de la dynastie régnante? Elle se croit une force exclusivement nationale, tandis qu'elle ne doit jamais se considérer que comme l'instrument au moyen duquel le roi assure le maintien de son autorité.

Ne vous laissez point aller, mes amis, à ces vaines formules de service obligatoire, d'armée territoriale, par lesquelles on cherche à vous persuader que tout Français doit être, à un moment donné, en état de remplir le rôle de soldat. Vous n'êtes pas faits pour la lutte ; restez à vos charrues, amassez de l'argent pour racheter votre sang. Si je vais à la Chambre, je ne manquerai point de rétablir le remplacement ; quant à diminuer les dépenses des ministères de la guerre et de la marine, je n'y songe point pour ma part. Mes ancêtres étaient de preux chevaliers, et non des bourgeois dédaigneux du métier des armes.

La France doit toujours être une grande puissance militaire : vous avez vu que nous avons deux guerres en perspective, l'une en Italie, l'autre en Espagne ; sur mer, nous avons à lutter contre la perfide Albion, et l'Allemagne nous menace de l'autre côté du Rhin.

Avec le monarque légitime, tous nos gentilshommes voudront se consacrer au service de la patrie ; on sera trop heureux de les employer, et il faut qu'ils puissent occuper dignement tous les grades qui leur seront réservés.

Que la France serait heureuse le jour où, à l'instar de la Prusse, tout son corps d'officiers serait exclusivement recruté parmi les jeunes gens qui ont gardé, comme une vertu précieuse, le respect de la royauté et de l'aristocratie !

Hostile à l'abolition du remplacement, je le suis aussi à tous ces programmes d'instruction obligatoire, gratuite et laïque qui circulent à profusion depuis quelque temps. Le beau bénéfice que nous aurions tous, si l'instruction se répandait davantage ! N'est-ce pas que vous en savez tous assez, et que vous avez tous signé les pétitions de Monseigneur l'Évêque contre ces réformes audacieuses qu'on veut tenter dans l'instruction publique ?

Ce que je refuse aux maîtres d'école, j'entends qu'on le donne aux prélats.

De tout ce que nous dépensons pour le culte, il n'y a rien à retrancher, sinon ce qui est affecté au protestantisme et aux religions de Moïse et de Mahomet.

Quant à l'industrie et à l'agriculture, on peut les protéger à bon marché !

Restent les travaux publics. Ce n'est pas moi, mes amis, qui voudrais leur donner une impulsion exagérée, pour vous exposer à des contributions nouvelles. Je sais qu'il ne faut pas écouter, à leur sujet, toutes les doléances des financiers qui ne songent qu'aux combinaisons machiavéliques par lesquelles ils cherchent à s'approprier toutes les ressources nationales. Cependant je n'enlèverai rien aux subventions assurées aux grandes compagnies ; comment oublierais-je que plusieurs d'entre nous figurent dans leurs conseils ?

En somme, mes amis, ne croyez pas qu'il soit facile de rien diminuer aux services généraux des ministères. Les choses de l'Etat ne doivent pas se juger avec la lésinerie et la parcimonie qui conviennent à l'administration d'un modeste patrimoine. La France peut-elle être grande sans une cour nombreuse et brillante, sans le luxe, l'élégance, les grandes fêtes de Versailles, sans un riche et puissant clergé, sans une administration très-nombreuse et très-bien dotée, sans de brillants ambassadeurs étalant au dehors un faste princier?

Diverses voix. Ah! c'est ça, Henri V. Eh bien! nous n'en voulons pas. A bas le roi des Jésuites. Il rétablirait la dîme et les corvées.

Le Maire. J'avais encore deux questions à poser au candidat; toutes deux relatives aux impôts. Mais je vois que l'opinion est faite. L'orateur a conclu au maintien de l'ignorance; il feint de ne pas comprendre que dans nos luttes contre l'Allemagne chacun de nous doit payer de sa personne; il veut accroître nos dépenses, il ne se préoccupe pas de la dette; il songe à nous lancer dans deux guerres désastreuses. C'est un ennemi dangereux pour notre bonheur à venir; inutile de l'entendre davantage. N'est-ce pas, Messieurs?

Tous. Assez! assez! A un autre.

Le jeune gentilhomme, devant cette manifestation, comprit qu'il avait été trop franc, qu'il avait trop compté avec l'ancienne ignorance des paysans et qu'il ne devait point s'imposer davantage. Il descendit rapidement de la tribune, et se hâta de se dérober à tous les regards.

§ II. — Le Budget de l'Orléanisme.

Après quelques moments de repos laissés à l'assemblée, le second candidat fut introduit.

C'était un riche banquier de la capitale, propriétaire de plusieurs usines dans le département, personnage ventru se donnant toutes ses aises, ne se privant d'aucune jouissance matérielle, habitué aux affaires contentieuses, et aux grandes spéculations de bourse. S'agissait-il de ces matières, il montrait une grande finesse d'esprit et une curieuse sagacité. Sorti de là, il était en réalité très-ignorant. Du reste, il affectait de nier la valeur des artistes, le mérite du savant pauvre, le dévouement héroïque du soldat qui meurt sur le champ de bataille en défendant la patrie. Pour lui la vertu n'existait pas. Il évaluait tout au tarif de la bourse. Honneur, loyauté, patriotisme, science, génie, inspiration, qu'était-ce que tout cela?

Le Maire. Avec ce candidat, il ne peut y avoir aucun inconvénient à ce que j'énonce, en une seule fois, toutes les questions que je dois lui poser. Voici donc sur quels points il importe que nous soyons éclairés. Je prie le candidat de nous indiquer bien explicitement s'il veut une liste civile, s'il songe à accroître ou à diminuer la dette publique, s'il croit qu'on peut réduire les dépenses générales des ministères, s'il consentira à l'accroissement des impôts directs, ou s'il se propose d'augmenter encore toutes les contributions indirectes qui ont créé l'état de cherté dont nous souffrons?

Le Candidat. Habitants de la campagne,

C'est avec confiance que je me présente au milieu de vous, car à la nature des questions qui me sont posées, je vois que comme moi vous êtes avant tout préoccupés de l'amélioration de votre bien-être, de la satisfaction de vos intérêts matériels.

C'est de ce côté là, en effet, que doivent se diriger tous nos soucis : dans les sociétés modernes, il ne doit plus y avoir pour chacun qu'une seule et unique préoccupation, amasser de l'argent. C'est ce que M. Guizot, le plus célèbre ministre du fameux roi Louis-Philippe, exprimait si bien, lorsque pour résumer d'un mot l'esprit de la monarchie constitutionnelle, du régime de la dynastie d'Orléans, il prononçait à Lisieux ces célèbres paroles : *Messieurs, enrichissez-vous.*

Pour moi, si vos votes me conduisaient à l'Assemblée nationale, je ne suivrais pas un autre programme. Il me suffit que chacun cherche à s'enrichir. À quoi bon se poser d'autres buts? Le moindre mouvement de la Bourse a plus d'influence sur la fortune publique, qu'un succès de nos armées ou de notre flotte, que le triomphe d'une opinion sur une autre, que la déclaration d'un dogme religieux, ou la réforme de vingt lois politiques.

Vous me demandez si je veux accroître ou réduire la dette publique, et si je suis partisan d'une liste civile?

Bien simple sera ma réponse. Plus les États trouvent à emprunter, plus ils sont florissants. Et quand un Etat a beaucoup de crédit, que lui importe de payer 40 millions de plus ou de moins?

Une voix. On ne s'enrichit pas en faisant des dettes. Il faut toujours les payer.

Le Candidat. Sans doute, sans doute. Mais le crédit met les générations présentes en état d'employer à leur profit des capitaux considérables, dont elles profitent. Ce sont les générations futures qui seules auront à en supporter le fardeau; et encore nous avons si bien arrangé toutes choses, que le créancier qui nous confie son avoir n'a plus besoin qu'on lui rembourse le capital. Il suffit que l'intérêt continue à être régulièrement payé pour qu'il trouve un autre créancier disposé à lui rendre son argent.

Laissez-vous donc endormir dans une tranquille sécurité! Continuez à demander au crédit des ressources pour accroître votre production. Ce sont des esprits chagrins qui vous répètent qu'une nation s'appauvrit en augmentant sa dette et qu'elle se condamne pour l'avenir à un travail forcé.

Nous, banquiers, qui administrons la Banque de France, le plus bel instrument de civilisation qui ait jamais été inventé; nous qui, à l'aide de cette grande machine, avons le pouvoir et le droit de répartir le crédit; nous qui, sur un simple signe de notre volonté, pouvons exciter ou restreindre l'activité générale des affaires, enrichir ou ruiner des nations voisines moins riches et moins avancées, nous qui sommes les promoteurs de tout ce qu'il y a de grand dans le dix-neuvième siècle, chemins de fer, usines à gaz, télégraphes électriques, navigation à vapeur, grandes manufactures, nous vous disons : en avant, en avant, ne vous arrêtez pas. Empruntez, spéculez, enrichissez-vous.

Ne croyez pas ceux qui vous disent que nous fabriquons la loi à notre avantage exclusif, que nous reconstruisons une nouvelle aristocratie, que nous devenons bien plus puissants que les grands seigneurs du moyen âge.

Ce sont là des calomnies de ces hommes de désordre et de mauvaise foi que nous baptisons, nous, du titre de socialistes. Fuyez ces hommes, ils ne pensent qu'au brigan-

c'est qu'ils s'exécutent et soient utilisés au profit réel de tous, et non au bénéfice exclusif de quelques ingénieurs et de quelques financiers. On voit encore, tous les jours, la direction des Travaux publics refuser des concessions de travaux à des personnes qui voudraient s'en charger à leurs risques et périls, et les accorder ensuite à des compagnies qui réclament de l'Etat de fortes subventions.

Pour certaines dépenses reproductives, je crois que la nation doit se montrer généreuse et non avare de ses deniers. Ainsi comme la propagation de l'instruction publique, surtout de l'instruction primaire, tend à élever la valeur personnelle de toute notre population, il y a utilité à ce que nous l'aidions à atteindre, dans un très-court espace de temps, un degré de plus de culture intellectuelle.

Il est scandaleux de dépenser pour les cultes, que les fidèles seuls devraient subventionner, 54 millions ; tandis que l'instruction tout entière qui exige l'emploi journalier de tant d'hommes instruits, capables, éminents dans toutes les branches de la connaissance humaine, l'instruction, dis-je, qui seule peut nous mettre en état de lutter avec les autres peuples civilisés qui nous entourent, l'instruction publique n'est dotée que de 36 millions. Aussi, quand nous entrons en lice avec une nation ferme, raisonnable, calculatrice, instruite, ennemie de la superstition et de l'ignorance, hostile au fanatisme, sommes-nous vaincus, sommes-nous réduits à nous racheter pour une somme de cinq milliards.

Il ne faut pas qu'il en soit ainsi, et nous devons changer la proportion. Et puis, en quoi l'Etat a-t-il à intervenir dans les questions de religion ? Sur ce point, il doit régner une tolérance absolue, une liberté entière. Que chacun pratique le culte qui lui convient. L'Etat veut des citoyens moraux, instruits, forts, adroits, énergiques, courageux, patriotes ; qu'ils soient ensuite libres penseurs, catholiques, luthériens, calvinistes, israélites, musulmans, ce n'est pas son affaire.

Pour la guerre et la marine, j'aurai peu à vous dire. Défions-nous de tous ceux qui font bon marché de ces deux grandes forces, indispensables à toute grande nation ; ce qui intéresse par dessus tout, c'est qu'elles ne soient jamais confiées qu'à un pouvoir exécutif vraiment préoccupé des intérêts nationaux et bien surveillé. La situation géographique de la France exige que nous soyons toujours organisés pour la lutte ; dès que nous nous endormons dans les délices de Capoue et l'adoration du veau d'or, nous devenons la proie des rivaux qui nous guettent de l'autre côté du Rhin. Les Allemands ont créé la plus redoutable puissance militaire qui ait encore existé dans le monde, en se soumettant tous à l'œuvre difficile d'être de bons soldats le jour où vient à retentir le clairon belliqueux. Si nous ne voulons pas en faire autant, nous cesserons de compter parmi les nations. Il faut donc, quelles que soient nos tendances. nos mœurs, nos aspirations, que nous nous organisions de notre côté dans les mêmes conditions ; c'est une nécessité inflexible à laquelle il faut obéir. Lâche, traître ou trop imprévoyant quiconque essaierait par un mot, par un geste, de nous détourner de la nouvelle tâche qui nous incombe. Mais c'est une immense armée nationale que nous avons à créer ; ce ne doit pas être une de ces créations infernales, comme nous en avons tant vues déjà, où le soldat cesse d'être citoyen pour imposer au peuple la domination d'un tyran. Partisan du service obligatoire, je tiens donc par dessus tout à ce que chacun de vous, quel que soit son âge, se trouve par son caractère, ses aptitudes, ses habitudes journalières, son énergie à supporter les fatigues, les intempéries et les privations, en état de faire un vaillant soldat, utile à la défense de la patrie. Après les événements qui viennent de s'accomplir, nous sommes sans matériel de guerre, sans fortifications, sans artillerie, sans approvisionnements ; tout est à refaire, et ceux qui lésinent aujourd'hui sur ces grandes nécessités sont les mêmes qui, au moment du danger, parlaient si haut de capitulation.

Ce n'est pas du côté de la guerre et de la marine qu'il faut chercher les grandes réductions ; on peut en trouver quelques-unes dans les affaires étrangères : il y a là des traitements beaucoup trop élevés qui peuvent être diminués sans inconvénients : on peut réduire aussi le nombre des consulats. Ce ne sont, trop souvent, que des appâts funestes au moyens desquels les gouvernements détournent des intérêts populaires certains hommes, que leur passé destinait à jouer un rôle politique utile au pays.

Enfin, pour l'intérieur, la justice, l'agriculture et le commerce, les finances, il y a un ensemble général de réformes à entreprendre, que je vous esquisserai en quelques mots. Depuis la création des chemins de fer, depuis l'établissement des lignes télégraphiques, depuis la construction de toutes nos routes, les relations sociales ont subi, en France, de très-grandes modifications. Les déplacements de fonctionnaires n'exigent plus la perte de nombreuses journées de travail et peuvent avoir lieu avec une extrême rapidité. Aussi des rouages, autrefois nécessaires, sont-ils maintenant de véritables superfétations. Si les hommes qui ont fait les divisions territoriales de 1790 avaient aujourd'hui la même œuvre à entreprendre, il est certain qu'ils la concevraient sur des bases toutes différentes. La France, sur ses 276 arrondissements, en compte 93 qui n'ont pas plus de 20,000 à 80,000 habitants. Qui peut comprendre que pour de telles circonscriptions, il faille aujourd'hui, avec nos facilités de communications, une sous-préfecture, un tribunal civil, une recette particulière, et tout le luxe de fonctionnaires et d'employés que nécessite chacune de ces institutions?

Il n'y a aucune proportion entre le mécanisme administratif que nos gouvernants doivent mettre en action et les moyens nouveaux que les progrès de la science et de l'industrie nous permettent d'employer. La France est à l'état de ces malheureux fabricants qui continuent à se servir de métiers et de procédés anciens avec lesquels la production est plus difficile et plus coûteuse, alors que leurs concurrents emploient des machines perfectionnées qui économisent une quantité considérable de main d'œuvre.

Pour moi, chers concitoyens, sans une nouvelle division territoriale je ne crois pas à la possibilité de réformes sérieuses et de notables économies. C'est au mécanisme lui-même qu'il faut toucher; sans crainte de déranger quelques familles, qui se perpétuent de père en fils dans certaines situations, il faut diminuer un personnel beaucoup trop nombreux, en accroissant tout simplement l'étendue de nos circonscriptions.

C'est ainsi, seulement ainsi, que nous pourrons arriver et à diminuer le chiffre d'un milliard cinquante millions que nous payons aujourd'hui, et à rendre à l'activité sociale toutes ces forces perdues, toutes ces inutilité oisives et chères qui vivent aujourd'hui en parasites stériles aux dépens de la famille française.

Plusieurs voix. Bien, très-bien. (Nouveaux applaudissements.)

Le Maire. Tous les détails si intéressants que l'orateur vient de nous donner ne portent, jusqu'ici, que sur les dépenses de l'Etat. Ne serait-il pas temps qu'il nous exposât ses idées sur les recettes du budget, c'est-à-dire sur les impôts, sur les divers genres de contributions, sur le système de cherté de prix qui semble devoir être pour longtemps la condition fatale de notre existence ?

Le Républicain. J'y arrive, chers concitoyens. Il n'est jamais entré dans ma pensée de passer négligemment sur des questions qui ont un intérêt vital pour quiconque travaille, produit, consomme, c'est-à-dire pour tout citoyen, sans exception.

Quelque riche que soit la nation française, son capital n'est pas infini et a une limite. Les statistiques les plus récentes évaluent à 164 milliards la valeur de tout son capital foncier et immobilier (terres et maisons) et à 86 milliards son capital mobilier, soit à 250 milliards les ressources totales à l'aide desquelles nos trente-six millions et demi de Français peuvent assurer leur existence et leur avenir. Suivant les récoltes, suivant les crises, l'intérêt que l'on tire de ce capital varie dans de fortes limites de 3 à 6 %, et peut-être même de plus bas à plus haut ; et c'est cette variation dans le taux de l'intérêt du capital social qui constitue ce que vous appelez bonne ou mauvaise année.

Quand tout marche bien, le poids de l'impôt se supporte avec facilité ; la nation n'en est pas écrasée ; elle suit sans effort, heureuse et tranquille, l'impulsion générale donnée à la machine. Mais, viennent les mauvaises années ; qu'arrive-t-il? Les deux milliards et demi que prélève toujours l'Etat, avec cet acharnement invincible, caractère de l'absolue nécessité, n'étaient tout à l'heure que le sixième du revenu total de la nation, quand le capital produisait par exemple six pour cent; mais ces 2 milliards et demi deviennent le tiers du revenu, quand celui-ci n'est plus que le 3 % du capital social. Vous comprenez alors avec quelle dureté inflexible, avec quelle extrême rigueur l'impôt pèse sur toutes les transactions : pour payer la sé-curité, l'indépendance, l'ordre, la justice et les autres avantages qu'assure l'organisation de la force publique, les citoyens se voient obligés à de douloureuses réductions sur tout ce qu'ils consacraient à leur vêtement, à leur logement, à leur nourriture ; ils entament leur capital ; en un mot ils s'appauvrissent, et au lieu d'un avenir de prospérité, ils n'ont plus devant eux qu'une perspective de misère progressive.

Voilà pourquoi la création d'impôts nouveaux exerce tant d'influence sur les conditions économiques d'un pays ; voilà pourquoi les esprits légers, qui vantent incessamment la puissance contributive d'un pays, sont des sophistes aussi dangereux que les utopistes qui prêchent la paix perpétuelle.

Il n'est pas rare de voir des hommes d'Etat parler dans les Chambres avec enthousiasme de la nécessité de donner des subventions considérables à certaines entreprises : vient le lendemain la discussion d'un impôt. Ces mêmes députés, pour conserver leur popularité auprès de leurs électeurs, ne veulent plus et avec raison, qu'on surcharge le prix d'aucune denrée, qu'on accroisse les tarifs de doua-nes ou d'octrois. Etrange contradiction. Comment ces in-dustriels et ces banquiers peuvent-ils oublier si vite qu'avec leur désir de s'enrichir eux-mêmes, de gagner quelques primes, ce sont eux qui ont rendu nécessaire, par le vote d'une nouvelle subvention, l'établissement d'un nouvel impôt !

Un des plus graves soucis de la grande Révolution fut de porter la lumière dans la masse indéfinie de tributs de tout genre qu'avait établis l'ancienne monarchie. Nos pères cherchèrent alors à instituer un système financier simple, commode, régulier, reposant sur la base la plus équitable, sur celle que nous devons toujours avoir sous les yeux et qui consiste à faire contribuer chacun en proportion de ses facultés, c'est-à-dire en proportion du revenu dont il jouit.

Dans tous les pays, mais surtout dans le nôtre, habité par une démocratie si justement soupçonneuse, l'égalité proportionnelle des charges est un principe supérieur qui ne doit jamais être violé. Non-seulement il faut l'inscrire dans la loi en tête des premiers articles de la Constitution, mais encore il faut qu'il soit gravé d'une manière indélébile dans le cœur de tous les citoyens, de façon qu'aucun tribun, aucun conspirateur, aucun prétendant ne puisse songer à se créer une armée de partisans en annonçant l'intention de sacrifier une partie de la population à l'autre.

Qu'arrive-t-il, lorsqu'une ligue de propriétaires, placée en face de la nécessité d'accroître les impôts du pays, refuse systématiquement de laisser toucher à son revenu? Toute l'aggravation porte immédiatement sur les fermiers les industriels, les commerçants, les journaliers? Et ces sacrifiés n'ont-ils pas un motif légitime de se plaindre de ceux qui recueillent tous les avantages de la société sans en supporter les charges?

Qu'arrive-t-il, au contraire, quand de violentes passions s'exaltent contre les contributions indirectes et en demandent la suppression? Il faut que l'Etat se prive de ses revenus les plus importants, les plus faciles à percevoir, et le voilà alors obligé de s'adresser à d'autres ressources, par exemple de trop demander à la terre.

Dans les deux cas, il y a partialité, déni de justice.

Un simple coup d'œil sur la division générale de nos impôts vous prouvera que les taxes indirectes ont pris en France, avec les nouveaux impôts, un essor disproportionné !

L'ensemble des contributions directes ne fournit au Trésor que 650 millions sur les 2 milliards et demi qui sont annuellement perçus, Au contraire, 1,700 millions proviennent des contributions indirectes. Les 150 millions restants sont fournis par des services spéciaux que l'Etat rend aux particuliers, tels par exemple que le transport des lettres et des dépêches au moyen des postes et des télégraphes.

En analysant attentivement cette simple division, il est évident que la tendance de l'Assemblée nationale a été de faire peser tout le poids des nouveaux impôts sur la consommation, sur le travail soit agricole, soit manufacturier, en un mot sur les denrées que nous consommons tous.

Je ne veux pas examiner si ce n'a pas été le moyen le plus sûr de démontrer immédiatement à l'Europe que nous étions en état de remplir l'effroyable engagement que nous avions pris; sur ce point la discussion pourrait être soutenue, et il est certain que notre crédit s'est relevé avec vigueur du coup qui est venu le frapper en 1870, dès qu'il a été prouvé qu'il nous était possible de faire face à nos obligations.

Mais cependant, quelle est la conséquence forcée de ces impôts? C'est une élévation nécessaire du prix de toutes choses; c'est une cherté générale appelée à peser sur nous avec une rigueur excessive, tant que nous n'aurons pas amorti une grande partie de notre dette publique. Vous n'en êtes pas plus exempts, vous qui habitez la campagne, que nous qui habitons les villes. Quiconque vit de son travail, recevant pour prix de son labeur une somme avec laquelle il achète moins d'objets nécessaires à son existence qu'il n'en pouvait acheter auparavant, ne peut satisfaire aux mêmes besoins avec la même somme ; il est donc forcé de réclamer une hausse de salaire. Ceux qui font travailler, reportent alors sur les produits qu'ils vendent l'accroissement de prix exigé d'eux; d'où il arrive que, tandis que vous haussez le prix de vos denrées agricoles, vous êtes obligés de subir une élévation proportionnelle de tous les objets qui vous sont utiles.

Tout le pays souffre ainsi de la cherté, et ne nous dissimulons pas que cette situation nous place dans un état d'infériorité réelle vis-à-vis les autres pays industriels qui nous environnent. Il nous devient plus difficile de n'être pas vaincus dans la grande lutte de la concurrence que nous avons à supporter sur les grands marchés du monde; nous courons risque de passer par cette humiliation, après avoir perdu les lauriers de la guerre, d'être encore dépouillés de ceux de la paix. C'est à tort qu'on s'étonne d'entendre dire qu'il y a treize ans nous étions assez forts pour supporter le libre-échange, et qu'aujourd'hui nos industriels ont besoin de protection. Rien n'est cependant plus fondé. Qu'on nous montre un pays où la fiscalité impose des conditions semblables à celles qui pèsent sur le travail en France; il n'en existe nulle part, Pouvons-nous avoir la prétention de fabriquer au même prix que nos voisins? Non. Et pourtant tout est là, dans la lutte industrielle.

Il y avait un autre moyen de faire face aux difficultés qui pesaient sur nous. On pouvait se servir de l'impôt sur le revenu, que dans des conditions semblables ont établi des nations plus soucieuses que la nôtre de l'équitable proportionnalité des charges.

Pourquoi ne l'a-t-on pas fait ? C'est qu'au lieu d'obéir à des sentiments élevés de patriotisme, à des idées larges, saines et justes, on n'a voulu écouter en certaines régions que la voix de l'intérêt.

On a cherché à vous persuader, mes chers concitoyens, que les défenseurs de l'impôt sur le revenu étaient des partageux, qu'ils voulaient protéger exclusivement les ouvriers des villes au détriment des petits propriétaires et des journaliers des campagnes. On vous a trompés ; la question ne se présente pas ainsi. Ce sont tout simplement les grands propriétaires, les grands manufacturiers, les grands financiers, les riches rentiers qui, à l'instar des grands seigneurs de l'ancien régime, ne veulent point contribuer dans la proportion où ils le devraient, aux dépenses de la nation, et aiment mieux faire tout peser sur le pauvre peuple.

Lorsqu'une génération a commis une grande faute, lorsqu'elle s'est laissée aller à un moment de honteuse défaillance, c'est elle-même qui devrait en subir toutes les conséquences. On peut dire qu'elle est coupable d'une seconde défaillance lorsque, par des opérations de crédit, elle s'applique seulement à rejeter tout le fardeau sur les générations futures.

Après les désastres de 1870, il n'était que juste, il n'était que raisonnable, de voir tous les propriétaires et capitalistes de France se décider avec une noble énergie à céder à l'État une portion déterminée de leur revenu annuel. Ainsi ont agi dans des circonstances analogues l'Angleterre et les États-Unis ; ces deux pays n'ont pas craint de faire participer tous les revenus au soulagement de la détresse publique.

Chez nous, où l'égoïsme est plus profond, où les instincts de cupidité sont malheureusement développés avec plus d'intensité, il n'a pas été possible d'établir l'impôt sur le revenu ; une opposition acharnée s'est soulevée contre lui. Une foule de personnes qui touchent des revenus considérables ont réussi à se dérober aux recherches du fisc, elles ont préféré laisser surcharger les denrées de consommation, laisser s'établir un système de cherté nuisible à toute la production, en un mot faire peser tout le poids de la surcharge sur le travail soit agricole, soit manufacturier.

Il ne faut pas, chers concitoyens, persister dans cette voie. Tous nos efforts, toute notre intelligence doivent être dirigés maintenant non à accroître, mais à abaisser graduellement les taxes indirectes déjà établies : il faut supprimer celles qui sont le plus nuisibles au travail, celles qui peuvent nous compromettre le plus dans nos luttes commerciales avec l'étranger. En même temps il faut travailler avec énergie à modifier notre système de contributions directes, en se proposant pour but de régler d'après le revenu de chacun la part qui doit lui incomber.

Aujourd'hui, en ce qui concerne la terre et les immeubles, il y a de très-choquantes inégalités que nous devons nous appliquer à faire disparaître. Des travaux faits il y a quelques années sur nos quatre-vingt-cinq départements, ont démontré que, pour le principal seulement de la contribution foncière, tandis que quarante-huit de nos départements paient en moyenne plus de 6 % de leur revenu, entre 6 et 9, trente-sept autres paient moins de 6 %, c'est-à-dire entre 6 et 3 %. Quant à la répartition individuelle, tels propriétaires ne paient que 1 ou 2 %, tandis que tels autres paient 18 et 20 %. Et cela pour le principal de la contribution seulement, les centimes additionnels venant encore aggraver cette inégalité. Toutes les évaluations du cadastre sont à refaire, car la valeur de la propriété a totalement changé par le fait de l'accroissement de la population, de l'extension et de l'amélioration des voies de communication, de l'ouverture de nouveaux marchés et de l'introduction de nouveaux procédés de culture. Pourquoi la contribution foncière continue-t-elle à rester un impôt de répartition emportant une solidarité injustifiable entre certains contribuables, au lieu d'être un impôt de quotité réclamant à chacun un tant pour cent fixe sur son revenu?

La contribution personnelle et mobilière, celle des portes et fenêtres, et celle des patentes, ne sont vraiment

que des jalons posés qui justifient la justice d'un impôt
sur le revenu, mais qui n'atteignent point proportionnel-
lement à leurs rentes réelles, les plus gros, les plus puis-
sants détenteurs de la richesse. Que paie le rentier dont
toute la fortune est placée en fonds de l'Etat, le capita-
liste qui obtient de grands bénéfices en spéculant sur les
valeurs mobilières, le fonctionnaire doté d'un riche trai-
tement, le pensionnaire qui touche ses semestres au
trésor public, et tous ces hommes enfin qui en remuant
des sommes considérables, ou en exerçant certaines pro-
fessions libérales privilégiées atteignent dans notre société
à un si haut degré de puissance ? Il n'y a aucune pro-
portion entre les sommes qui leur sont demandées par
l'Etat, et celles qu'ils doivent équitablement lui payer.
Pour se contenter de signes purement matériels dans
l'appréciation de la valeur du revenu de chacun, on a été
conduit à cette criante injustice, de faire peser la plus
grande partie de l'impôt sur ceux qui sont obligés d'étaler
au grand jour leurs instruments de travail; tandis qu'on
traite comme des privilégiés ceux dont la haute position
sociale repose sur la base du crédit, sur des rentes payées
par l'Etat, sur des pensions acquises, des fonctions pu-
bliques, et des bénéfices provenant du commerce, de
l'industrie et des professions libérales privilégiées.

C'est une chose triste à dire; mais à force de nous
enthousiasmer sur la perfection de nos institutions, nous
en sommes arrivés, en ce qui concerne l'assiette des im-
pôts, au même point qu'en ce qui concerne l'organisation
de l'armée. Nous n'avons su y introduire aucune des mo-
difications qui auraient du résulter de l'établissement des
chemins de fer, des télégraphes et du développement gé-
néral de l'aisance. Victimes de notre folle adoration de
nous-mêmes, nous devons reconnaître que nous sommes
encore très-loin de la proportionnalité des charges, à
laquelle nous tendons depuis 1789.

Telles sont, chers concitoyens, en matière d'impôts, les
idées que j'apporterais à la nouvelle Assemblée que vous
allez nommer.

Atténuer la cherté des prix, répartir équitablement les
contributions directes, réviser le cadastre, organiser l'im-
pôt proportionnellement au revenu, voilà le but que je

donnerais à mon activité, si vos suffrages m'appelaient à vous représenter.

Le Maire. Au nom de l'assemblée, je remercie du fond du cœur le candidat des loyales et sincères explications qu'il vient de nous donner. Voilà le langage d'un patriote ferme, convaincu! Ah! que depuis longtemps ne parle-t-on ainsi à cette chère France, au lieu d'exalter chez ses citoyens soit une vanité impuissante, soit une envie infé-conde?

Oui, pour vous comme pour nous, la République, c'est avant tout l'application des idées de justice dans les insti-tutions sociales.

Que les pensées que l'orateur vient d'exprimer soient, en ce qui concerne le budget de la France, le cahier même de notre corps électoral.

Que Paris ne doute pas de la province, de la campagne!
N'est-il pas vrai, chers concitoyens.
Notre choix est fait, il ne variera point.
Vive la République française!!

Ces derniers mots furent répétés par tout l'auditoire, qui acclama l'orateur et le choisit pour candidat.

Et le maire, quittant son banc, alla serrer la main du républicain au bas de la tribune.

Tous deux étaient profondément émus.

A l'idée des bienfaits de tout genre que pouvait ré-pandre sur le pays l'accord entre les villes et les cam-pagnes, ils entrevoyaient pour la France une nouvelle ère de grandeur et de prospérité. Plus de haines, plus de dis-cordes, plus de rivalités. Une entente désormais sincère pour le bien public, une union étroite contre l'étranger, le réveil du patriotisme, la vraie revanche enfin.

Imprimerie Moderne, BARTHIER d', rue J.-J.-Rousseau, 61.

EN VENTE :

L'Instruction républicaine, par Jules BARNI, député, ancien Inspecteur général de l'Instruction publique (2ᵉ édition).

Les Paysans avant 89, par Eug. BONNEMÈRE, publiciste, auteur de l'*Histoire des Paysans* (3ᵉ éd.).

La République c'est l'ordre, par D. ORDINAIRE, publiciste, 4ᵉ éd.

La Question militaire et la République, par Raymond FRANC.

Ce que disent les Bonapartistes, par A. HENRYOT, avocat à la Cour d'appel de Paris.

La vérité sur le Deux Décembre, par Georges LASSEZ.

Les Paysans après 1789, par Eugène BONNEMÈRE, publiciste.

La Liberté organisée, par Léon JOURNAULT, député de Seine-et-Oise.

Les Prétendants et la République, par D. ORDINAIRE.

La fin des Révolutions par la République, par H. MAZE, ancien préfet des Landes.

Les Principes et les Mœurs de la République, par Jules BARNI, député, ancien Inspecteur général de l'Instruction publique.

Le Suffrage universel, par E. MILLAUD, député du Rhône.

Le Maître d'École, par E. BONNEMÈRE.

POUR PARAITRE INCESSAMMENT :

Histoire de Jacques Bonhomme, par S. JOUANCOUX.

Et d'autres écrits populaires par MM. N. LÉVEN, L. RIBERT, JOIGNEAUX, MARIO PROTH, CLAMAGERAN, EDGAR QUINET, DUSOLIER, E. SPULLER, LAURENT PICHAT, J. CAZOT, etc.

CONDITIONS DE PROPAGANDE

50 exemplaires pris ensemble........   5 fr. 50

150   —   —   ....   15 fr.

Pour renseignements et adhésions, s'adresser à M. Aug. MARAIS, 161, rue Saint-Jacques.

Imp. moderne, Barthier, dᵗ, rue J.-J.-Rousseau, 61.